대청도 바람일기

리토피아포에지 · 130
대청도 바람일기

인쇄 2022. 5. 6 발행 2022. 5. 11
지은이 황명덕 펴낸이 정기옥
펴낸곳 리토피아
출판등록 2006. 6. 15. 제2006-12호
주소 21315 인천광역시 부평구 평천로255번길 13, 부평테크노파크M2 903호
전화 032-883-5356 전송032-891-5356
홈페이지 www.litopia21.com 전자우편 litopia999@naver.com

ISBN-978-89-6412-163-4 03810

값 9,000원

* 이 책의 판권은 지은이와 리토피아에 있습니다.
* 잘못 만들어진 책은 바꿔드립니다.

황명덕 시집

대청도 바람일기

시인의 말

낡은 신발을
오래
들여다본다.
이리저리
헤매고 다닌
길과
길 아닌 것들과
그리고
섬이
보인다.
옆구리가 터지고
밑창이 해진
나의 분신
더 늦기 전에
떠나보내리라.

2022년 봄
황명덕

차례

제1부 입도

백령도 기행	15
입도	16
미아동 연가	18
노랑구미	20
강난정 달빛	22
독바위 먹돌	24
선진동 아이	26
옥죽포 이야기	28
사탄동 폐교에서	30
겨울 관사	32
빨간 지붕 304호	34
날구리	36
해병 할머니	38
귀로歸路를 기다리며	40
섬 아이들	42
회항回航	44

제2부 풍뎅이놀이

바다스케치·*1*	49
바다스케치·*2*	50
바다스케치·*3*	52
바다스케치·*4*	54
모래 언덕	56
낚시	58
어떤 하루·*1*	59
어떤 하루·*2*	60
어떤 하루·*3*	62
민들레꽃	64
풍뎅이놀이	66
둘레길·*1*-미아동 언덕길	68
둘레길·*2*-지두리	70
서해교전·*1*	72
서해교전·*2*	74
섬 일주·*1*	76
섬 일주·*2*	78
섬 일주·*3*	80
해일	82

제3부 **티격태격**

개화	85
옥상의 환풍기	86
외풍앓이	88
티격태격	90
갈등	92
지두리 달빛샤워	94
겨울방학 근무조	96
그해 첫눈	98
개망초	100
스트레스 받은 날	102
가을·1	104
가을·2	106
반성문·1-지금 알고 있는 것을 그때 알았더라면	107
반성문·2-사필귀정事必歸正	109
반성문·3-컴퓨터의 일침一針	111
가을소풍	113
파도가 밀려오고 밀려가고	115

제4부 껌

적빈赤貧	119
게임을 하다가	120
껌	122
봄을 기다리며·1	124
봄을 기다리며·2	126
그날의 화두-「꽃들에게 희망을」	128
말똥구리	130
이기주의자	132
역설逆說·1	134
역설逆說·2	135
섬으로 가는 길	137
제발	138
고도를 기다리며	139
꿈꾸는 돌·1	140
꿈꾸는 돌·2-노래방에서	142
순리	144
부치지 못한 편지-K 선생님께	145
後記	147
해설│박동억 파도의 기억 —황명덕 시세계	151

| 제1부 | **입도**

백령도 기행

 멀리 눈으로만 오가던 백령도 두무진 해상관광을 하며 메밀장떡과 굴 칼국수로 배를 채우고 햇빛 속을 걷는다 설렜다 오랜만에 닫힌 문을 열고 부신 햇살 속을 달리고 있었다

 사곶 해수욕장엘 간다 넓게 트인 바다 위 은빛 햇살이 별빛으로 깜빡이고 푸른 짐승의 떼가 흰 거품을 물고 몰려온다 비행기가 뜨기도 했다는 널따란 백사장 원시의 아름다움에 탄성을 질렀다 기절할 듯 고혹적인 자태에 모든 것은 멈추고 일행은 꿈을 꾸고 있었다

 녹슨 시간들이 비늘을 털고 처음 모습으로 돌아오는 순간이었다 한 떼의 짐승들이 푸르게 밀려왔다 밀려간다 깊은 곳에서 생채기를 내며 할퀴어 온 그림자가 지워지고 있었다 애초에 용서할 수 없는 것들은 없다 백사장에 찍힌 어지러운 자국들이 찰랑거리는 파도에 씻겨 사라졌다 일상이 새로 부팅되고 모든 것이 다시 포맷되었다

입도入島

멀미가 심했다
다 쏟았다

그간의 일상사
자잘한 시름까지
함께 버렸다

짐짝 부려지듯
부두에 내리니
탱탱 언 찬바람 속
황량한 초가草家 몇 채
바싹 엎디어 얼어 있다

텃세 하듯
멀리 누워
다가오지 않던 산

투정하듯

철벅거리며
발길질하던 파도

겁먹은 눈에
처음 너의 모습은
그러하였다

미아동* 연가

개망초 달래 고사리밥이
더부룩 무성하게 자라
수시로 말을 건네 오고

앙상한 순비기 넝쿨이
발목을 걸어
쉬어가라 하네

붉은 노을
쇳물로 끓어 넘치던
아득한 수평선

섬에 들어와
처음 사귀며 놀던
둥근 해안선

낯설음과 적막감을 무두질하며
이런저런 사념들로 배회하다

돌아오는 길목엔

파도가 출렁출렁
방안까지 따라와 함께 뒹굴며
젖은 꿈을 꾸었네

아아
미아동 푸른 파도여

* 대청중고등학교 뒷산 너머에 있는 해변.

노랑구미*

적막한 고주마을 옆구리
때죽나무 물푸레나무 소사나무
잡목 우거진 산길로 들어서면
키 큰 은빛 억새
한길까지 마중 나와
손 흔들며 반겨준다
노랑구미……
훤칠한 바위며
금빛 은빛 자갈들이 또아리를 틀고
넙죽 엎디어
황금동이라고도 한다
물질 한 번에 한 줌 먹거리만
따오는 오랜 불문율
유난히 살진 것들이 많아 배부르다
손 타지 않은 홍합이며
다닥다닥 붙어있는
조개 우렁쉥이 따개비가
눈앞에 어룽대고

뭍으로 떠나가는 여객선 바라보며

종일 외로움 찰싹이는

쪽빛 순정이 애달프다

*대청도 동쪽에 위치한 해안으로 해돋이 관람 포인트가 되며 인천으로 오가는 여객선이 잘 보이는 곳이다.

강난정* 달빛

사나운 파도가 방파제를 넘쳐와
한길이 파도에 젖는 마을
사탄동을 지나
가파른 산길을
숨 가쁘게 올라가면
누구라도 쉬어가라는 정자가 기다린다
보름 무렵 큰 달빛이
폭포수처럼 쏟아지는 밤이면
약속한 듯 끼리끼리 정자에 모여
달구경 마법에 걸린다
환각의 덫이 깔린 달빛 축제
나무는 나무끼리 취하고
바위는 바위끼리 부대끼며
흐느적흐느적 잠 못 드는 밤
손에 잡힐 듯 가까이
슈퍼문Super Moon이 둥실
누군가 욕설로 시비를 걸어도
도무지 싸움이 되질 않고

곧은 악수로 힘이 되던

마법의 강난정

오로라 달빛

*대청도 북서쪽 사탄동에서 삼각산 올라가는 산 중턱에 있는 전망대. 주변 경관이 뛰어나다.

독바위 먹돌

장아찌를 담그고
곡물 갈 때나 보았던
단단하고 미끈한 돌덩이
먼지에 싸인 채 구석에서
묵언수행默言修行 중

출도出島할 때 딸려 온 먹돌
물티슈로 닦으니 먼지가 부옇다
마른 티슈로 문지른다
오석烏石의 검은 빛이 비로소 신령하다
오랜 잠에서 깨어나
포효할 것 같은 산 짐승

폭풍우 몰아치던
천붕지괴天崩地壞의 낮밤을
산비탈을 구르고
바닷길을 건너
부서지고 깨어지고

햇빛 달빛에 담금질한
물살의 아픔이
온몸에 추상화抽象畫를 그리며
묻는다

물 안에도 섬
물 밖에도 섬
너도
섬이지?

선진동* 아이

선진동 포구는 북적북적
들고 나는 사람으로
뱃터는 늘 술렁인다

엄마 얼굴을 모른 채
할머니 손에 자란 아이는
늘 사람이 그리워
붐비는 선진동이 좋단다

어부들의 거친 손놀림
왁자한 사투리 속에
바다에서 건져 올린
농어 우렁쉥이 꽃게 우럭
이마에 맺힌 땀방울이 거래되고

뱃멀미에 지친 짐짝들을
서둘러 부려놓고
떠나가는 카페리호

아이는 오늘도 이별을 배우며
단단한 외로움 속 말수가 줄고

훌쩍 키가 자라 다시
어부가 되어 바다로 나가는
선진동 포구의
거친 물살이여

*대청도에서 제일 번화한 곳으로 카페리호나 여객선이 드나드는 포구.

옥죽포 이야기

출렁출렁출렁
끝없이 밀려오고
밀려가는 파도
검은 구렁이 혓바닥처럼
넘실거리는 물결은
긴 방파제 등살을 기어오르고
의붓어미 모함에 쫓겨 와 살았다는
원 태자*의 슬픈 전설을 전한다
젖먹이 떼놓고 도시로 간 어미
출구 없는 생활고에 시달려
바다로 뛰어든 아비
이런저런 사연을
괭이갈매기가 울고
밤이 되면
먼 바다를 돌아온 어선들이
지친 허리끈 풀고 쉬어 가는 포구
출렁 출렁 출렁
끝없이 밀려오는 삶의 파랑波浪

넘칠 듯 넘칠 듯
평등한 몸짓으로
마을을 품고
다독이는
옥죽포 수평선
아아
하느님

*동국여지승람東國輿地勝覽에 고려 충숙왕 5년(1318) 원나라에서 발라태자孛刺太子를 이곳에 귀양 보냈다는 설이 있다.

사탄동 폐교에서

드센 파도가 방파제를 넘어
한길을 덮치는 마을

곳곳에 빈집이 늘면서
산비탈 분교가
문을 닫았다

구구단을 외우고
구슬치기를 하던
해맑은 웃음소리
들려올 듯한데

깨진 창 너머
어둡고 텅 빈 교실
켜켜이
적막감만 쌓인다

주인 잃은 교정

맨드라미 붉게 피어
누군가
애타게 기다리고

오늘도 거센 바람은
말갈기 휘날리며
불어대고

우우우
잡풀소리
메아리로 떠돈다

겨울 관사

학교 옆 언덕배기
허름한 3층 건물
옥상에 녹슨 환풍기
허구헌 날
툴툴거리며 돌아가고

관사 뒤편 텅 빈 숲
주인 없는 무덤들
오소소 스미던 한기
심심찮게
담력 기르기도 하며

꿈틀거리는 것은
무엇이나 덤벼들 듯
철렁 가슴 쓸어내리며
일없이 방황하던
겨울 관사

섬 속
또 다른
섬이 되어
겨우내 심한
외풍 앓이

밤새 가위
눌리며
봄을
기다린다

빨간 지붕 304호

발령 받고
걱정 반 초조 반
궁금증이 생기던
혼자 지내기에 그만한
한 칸짜리 관사官舍

선진동 고갯마루 올라서면
멀리 보이던
빨간 지붕 304호

녹슨 채 덜덜대던 세탁기
두텁게 성에 낀 냉장고
골동품이 된 주전자
무기수로 남겨진 낡은 책상
무엇이나 귀한 섬

때 묻은 것들에 남아있는 온기
어쩌다 만나는 얼룩진 낙서

켜켜이 쌓인 흔적과
불면의 밤을 함께 지새우며
위로를 얻기도 했던가

낡은 것들 기대어
한숨으로 견디던
칡덩굴 같은 계절들
빨간 지붕 304호

말구리

오랜 풍우와 침식으로
층층이 깎아지른
벼랑 끝 바람 언덕
말구리

말들이 굴러 떨어져
말구리라 했다는
이야기가 전해오고

맑은 날에도 바람이 많아
잡풀이 한쪽으로 눕고
흰 풀꽃 점점이 눈길을 끄는
가파른 낭떠러지

낚시꾼도
흑염소도
헛발질에 굴러 떨어지는
그 끝에 서면

망망한 수평선
아스라이 밀려오는 파도
발밑 아찔한 현기증
외로움도 사치라는
생각이 든다

부서지고 구르고
온몸에 생채기가 나도
다시 바다로 나서는
층층 절벽
말구리

해병 할머니

사탄동 모퉁이
온갖 생활 잡화 구멍가게에
해병 할머니가 살았다

갓 부임하여 둥지 잃은
새 새끼처럼 움츠린 해병들을
자식처럼 살뜰히 챙겨주어
해병 할머니라 불리는 어른

첫인상이 곱상한 외조모 같아
마음이 끌리고 정이 갔다
사고무친四顧無親 외지인을
가족처럼 품어주는
넉넉한 그늘이 느껴워

지나치다 마주치면
잠깐 쉬어가라며
끓여둔 보리차를 내주어

'뭘 먹고 사시려고 음료수를 파시지' 하면
함빡 웃으며 산다는 거 뭐 대수냐고
훈훈한 인정 한 수 가르치던

언제던가 반가이 맞아주며
손수 담근 산열매주
단지 째 들고 나와 권하시던
사람 좋아하고 사람 냄새 풍기던
해병 할머니*

지금은 고인이 되어
정말
전설이 되었다

*얼마 전 돌아가셨다는 말을 듣고 추억 어린 날들이 더욱 그리웠다.

귀로歸路를 기다리며

한겨울 파고*가 높아
오가는 여객선은
발이 묶인다

삼각산은 짙은 안개로
얼굴을 가린 채
두문불출杜門不出

TV는 저 혼자 돌아가고
사람소리 그리워
창가를 서성댄다

며칠째 불어대는 광풍狂風
잡목들이 꺾일 듯
바닥까지 누웠다가 일어서고
천지가 몸살을 앓는다

인적 없는 고샅엔

개 짖는 소리조차 끊겨
섬은 무인도無人島가 된다

돌아갈 날만 기다리며
목을 빼고
까치발
한 뼘 키가 자란다

*파고波高가 3m이상이면 배가 못 떠서 겨울철이나 태풍이 잦은 계절에는 결항이 잦다.

섬 아이들

갈매기 말을 하고
파도의 춤을 추며
굴을 캐고 홍합을 따고
뻐뚜리 소라를 줍는
아이들

바다를 먹고
바다를 따르고
바다를 아끼며 사는
바다의 자식들

일찍부터 사람 사이
만남과 헤어짐에
길이 들어
혼자 크는 법을 알고
무엇에 집착하지 않으며
사람 귀히 여기는

천진한 웃음 끝에
찐득한 외로움 배어나는
오늘도
그들을 보며
바다를 배우고
바다를 품는다

회항回航

파고波高가 3m를 넘으면
여객선은 발이 묶인다
결항인 줄 알았는데
배가 떴다

네다섯 시간이면 도착하는 길
두어 시간 달렸을까
결국 높은 파도에 길은 막히고
배는 제자리 버벅거린다

독한 뱃멀미로
모조리 토하고 정신은 혼미한 채
현기증에 시달린다
이제나 저제나 종착지를 기다리며

드세지는 역풍逆風
회항回航해야 한다고
그 먼 뱃길 되짚어 가다니

눈앞이 깜깜했다
그러나 배 안은 차분하다
다 비우고 바닥에 앉아
기다리는 사람들

엔진 소리 요동을 치건만
모든 것 품어주고
다 내주는 바다처럼

때를 알고 기다리는
그들의 겸손
큰 사랑법에
절로 고개를 숙이며

회항回航을 한다

| 제2부 | **풍뎅이놀이**

바다 스케치 · 1

너는
포효하는 맹수
잡식성 포식자다
꿈틀거리며
달려오는 검푸른 야수 떼
모든 것을 품어주고
아낌없이 주다가도
아무 것도
용서하지 않고
삼켜버리는
천의 얼굴
블랙홀

바다 스케치 · 2

어슴프레한 여명에
물안개 피우며 처녀로 깨어나고

저녁놀 질 때면
붉은 옷자락 끌며
정열의 무희가 된다

비오는 날이면 볼멘 얼굴
잿빛 노트를 펼치고
사색에 잠겨 시를 쓴다

빈혈의
긴 겨울 지나
연두빛 봄 여기저기
꽃망울 터지면

바람기 도지는 너
넘칠 듯이 출렁출렁

해빙의 밀물로 몰려와

몸 풀고
해산하는
거대한
임산부가 된다

바다 스케치 · 3

싸우고 나서
찾아가는 바다

기분이 좋아서
보고 싶은 바다

지친 일상
투정하러 가는 바다

눈을 감아도 바다
눈을 떠도 바다

스토커처럼 따라와
어디서든
출렁이는 바다

주민들의 어제 오늘
그리고 내일

누구에게나
평등한
신이시여!

바다 스케치 · 4

혼자 중얼거리고
혼자 노래하다가
언제 그랬냐는 듯
명상에 잠기는

혼자 노는 아이
늘 깨어있는 어르신

시시각각 꿈틀대며
모습을 바꾸어
보는 만큼 아는 만큼
깨닫게 하는

아이들의 놀이터
주민들의 보물창고

오늘도 자유로이
그림을 그리고

시를 썼다 지우는

만능 예술가

모래 언덕*

모래 위로
수많은 발자국이
왔다가 간다

바람 불면
모든 이력履歷은
사라지고

모래언덕은
언제나
신神처럼
무결無缺하다

모래알이 모여
모래 같은 생각
모래 같은 시름
모래 속을 헤매며

길을 찾고

길을 잃고

모든

수런거림은

풍화風化되어

모래탑

모래언덕이

된다

*대청도에서는 오래전부터 '모래 서 말을 먹어야 시집을 간다.'는 말이 있을 정도로 모래바람이 심하게 불었다. 옥죽동 모래사막은 우리나라 사구 중 규모가 큰 편으로, 국내에서는 거의 유일하게 모래사막 체험이 가능한 곳이다.

낚시

바람이 고요하니
삼라만상이
웅크린 채
삼각산은
얼음땡이다
그대는
부둣가에 앉아
밤바다를 낚고
나는
해저 같은
방바닥에 엎드려
유년의 고향
추억을 낚는다

어떤 하루 · 1

수평선 너머
마침표 같은
작은 섬
거센 풍랑 불어오면
산발한 광부狂夫는
온종일 소사나무 숲을 떠돌고
놀란 흑염소 떼
바위 밑에 웅크린 채
한 나절이 지나고
누이는 방안에 갇혀
울 일도 웃을 일도 없이
하루를 보낸다
왜 그러느냐고
묻는 이도 없고
무어라 말할 수도 없는
적막한 날은 저물고
까무룩 가위 눌리며
해저 밑으로 가라앉던
질경이의 시간들

어떤 하루 · 2

콧노래를 부르며
길을 나서다가

예기치 않은 일로
늪에 빠져 허우적거린다

역지사지는 가당찮아
건건件件이 내로남불

여린 풀줄기 감아쥐고
안간힘을 쓰다가

사소한 풀독이 번져
시달리기도 하며

유년의 자운영 가득한
들판을 찾아

말처럼 달리는 상상을 하며
밤새 뒤척인다

어떤 하루 · 3

짙은 해무 낀 날
하얀 수증기 피어올라
산이고 마을이고
몽롱하다

무릉도원이 이렇던가
선계인 듯 속계인 듯
환각에 취해

팍팍한 날 응어리
눈 녹듯 스러지고

스멀거리는
비경秘景 앞에
탄성을 지른다

뿌연 안개 속
동이 트면

고샅에는
오사리 잡풀이 무성하다

어디서고 쑥쑥 번성하는
무서운 생명력에 뭉클
이마에 푸른 힘줄이 솟는다

민들레꽃

방과 후
텅 빈
운동장

혼자 돌다보면
점점이
노란 얼굴

뜨악한 인적
가만가만 따라와
말 걸어준다

긴 겨울 지나고
나른히 풀리는
봄길

조용히
손 내미는

낮은 속삭임

외로운 길
함께
걸으며

자근자근
달래주던
고운 미소

풍뎅이놀이

어린 시절
풍뎅이놀이

바닥에 누워
뱅글뱅글 제자리 돌다
날아가려 안간힘 쓰던
한 마리 풍뎅이

사고무친
낯선 객지
아득한 수평선
떠도는 난파선 같아

섬 한 달은 석삼년이라는데
잘 지내자고 곱씹으며
툭툭 털고 가다가도

붉은 동백 삼세 번

피었다가 질 때

고비고비
여시로 둔갑을 하든지
날개가 있어야 건너질
구렁에서

미궁을
헤매는
풍뎅이 한 마리

둘레길 · 1
―미아동 언덕길

해쑥 달래 민들레 개망초
지천으로 피어나는 둘레길

콧노래 부르다
절로 나는 한숨

먹먹하게
밀려왔다 사라지는
망망대해

미지의 두려움과
막막함이 한꺼번에 몰려오고

멍울멍울 얼룩진
고독의 통점

원점으로 돌아와
발돋움하는

까마득한
기다림

둘레길 · 2
―지두리

무성한 잡목 숲
인적 드문 산길

지나칠 적마다
이름 모를 산새
꾸르륵 꽥꽥
검은 날개 치며
내지르는 외마디 소리

저도 놀라고
나도 놀라고
쉽게 친해지지 않던 언덕
놀란 가슴 쓸어내리며
홀로 걷던 산길

자로 그은 듯
반듯한 수평선이 나타나고
세상은 평등하다는 듯

입술 꼭 다문 채
어둠은 쉽게 내려

말갈기 휘날리며 떠돌던
흉흉한 바람소리
폭풍의 언덕이라 불렀던
지두리 해안

서해교전 · 1[*]

연평도 앞바다
선진동 코앞에서
남과 북이 포탄을 발사했다

도서관 수업을 하다가
비상벨이 요란하게 울려
허겁지겁 귀가조치
학생들 비상벨 소리와 함께
쏜살같이 집으로 사라졌다

반세기가 넘어
거미줄이 성성한
방공호에 들어갔다

처음 마주친 마을주민들
컴컴한 굴속 비상시엔
어른이나 아이나
선생이나 학생이

구분되지 않았다

그저 눈 둘
콧구멍이 둘
손가락이 다섯인 생체
숨 쉬는 동물일 뿐

촛불 깜빡깜빡
숨소리 할딱할딱
소설에서나 보았던
비상사태
방공호 현장 체험

*2009년 11월 10일 북한의 상해급 경비정이 북한 한계선을 침범함, 2010년 11월 23일 북한이 연평도에 포격실시 전사2명 부상16명 주민가옥 20여 채 전소, 연평도 포격(2010.11) 때 주민들이 방공호로 대피함.

서해교전 · 2

포탄이 언제 터질지
작은 소리에도
귀 기울이며
방공호 촛불
눈만 껌벅껌벅

섬 밖 가족과 교신하며
잘 있다고 걱정 말라고
그러나
인질 되어 북으로 간다면

이산가족 찾기 중계방송
낯선 가족상봉이 떠오르고
웃지 못할 두려움이 엄습한다

누가 무엇을 기약하겠는가
목숨은 무엇인가
무엇을 위해 이렇게 사나

불안에 떨며
자책인 듯 아닌 듯
골똘히 한 생각에 잠겨
부스스 선잠을 청하며

안과 밖은
전쟁 중
총부리는
어디나 숨어 있다

섬 일주 · 1

쉬엄쉬엄 걷다보면
한나절 거리

조금만 팔을 뻗어도
바다가 만져지고
손이 물결에 젖는다

솔숲에선 솔바람으로
모래 언덕에선 모래가 되어
거친 바람을 배우고

지천으로 피어나는
야생화 벗 삼아
하소연하며

춘하추동 낮과 밤이
조수처럼 흘러가고

쉬엄쉬엄 걷다보면
한나절 거리

오늘도
한 바퀴
섬을 돈다

섬 일주 · 2

산으로 둘러싸인 양지동 언덕을 지나
삼각산 능선을 넘어가면
동백나무 자생지가 나온다
청청한 동백나무 푸른 기운을 받아
쏜살같이 언덕을 내려가면

섬에서도 오지인 사탄동
사나운 파도가 길을 막아서고
가파른 언덕배기를 끙끙대며 기어가면
누구나 쉬어가라는 정자가 기다리고 있다
낯선 외지인을 반가이 맞아주는 강난정
무거운 어깨를 내려놓고
멀리 출렁이는 서해바다
은빛 물결에 목을 씻는다

정자를 뒤로하고 언덕을 돌아 나가면
독바위 검은 돌팍들이 누워 있는 해변
가파른 절벽 아래 기암괴석 빼어난
창바위 절경에 잠시 한눈을 팔고

삼각산 옆구리를 따라 호젓한 산길을 걷는다

푸른 곰솔이 울울한 솔숲을 지나면
적막한 고주동이 엎드려 있다
고주동 막국수에 허기도 갈증도 풀고
다시 길을 나서면

선진동 뱃고동 소리 들려와
마음은 벌써 집으로 가고
늘 그립고 애끓는 소청도
궁금한 소식을 뒤로하고
선진동 고개 넘어서면

어느새
빨간 지붕 관사가 보이고
양지동 마을에 들어서면
팔다리가 후들후들
출발점에 서 있다

섬 일주 · 3

 살진 머위 이파리 후덕한 밭길을 지나 평퍼짐한 양지동 들판을 뒤로하고 돼지감자 꽃 피는 밭둑을 끼고 언덕을 올라가면 동백꽃 자생 북한지가 나온다 동백나무숲을 기웃거리며 가파른 산길을 내려가다 보면 흑염소 떼가 길을 막아서서 검문하는 멋진 해안 지두리 입구가 유혹한다 지두리로 가고픈 발길을 돌려 곧게 뻗은 산 아래로 가속으로 내려가면 한길까지 바닷물이 넘치는 사탄동이다

 인자한 해병 할머니 추억하며 정자나무 아래 가쁜 한숨 돌리며 운동화끈 고쳐 매고 구불텅한 고샅길을 꺾어 가파른 산 고개 헉헉대며 올라가면 속계를 벗어나 고고한 자태 드러내며 벼랑 끝에 오똑 선 신선들의 놀이터 강난정이 나오고

 정자에 올라 짙푸른 먼바다 은빛 너울파도 휘휘 조망하고 삼각산 둘레길 휘돌아 독바위 창바위 잘 있으라 눈인사하고 오르락내리락 고주골로 향한다 적막하고 평화로운 고주골 솔향기 심호흡하며 프린세스호 넘나드는 소청도 물길 바라

보며 숨 가쁘 언덕길 넘어가면

  와자하고 번화한 독불장군 선진동 문 닫힌 여객선 매표소 지나 윤기 흐르는 뉴 빌딩 보건소를 지나 바다식당 대성슈퍼 눈길 한 번 주고 대진동 언덕 너머 모래사막을 옆으로 끼고 노랑 루드베키아 듬성듬성 피어있는 숨찬 언덕길 지나서

  옥죽포 진입로 귀골스런 소나무숲 시원한 솔향기가 이마를 간질인다 언제나 평화로운 양지동 하얀 성당 십자가를 바라보며 성호를 긋고 안도의 숨을 내쉬며 다시 출발점……
눈을 감고도 훤한 섬 일주

해일

  바다는 맹수가 되어 덮쳐왔다 푸른 점액질의 파도가 산처럼 일어서 방파제를 할퀴고 섬을 통째로 삼켰다가 뱉어 놓았다

  바람이 윙윙 온 천지를 휩쓸며 마왕처럼 닥치는 대로 초토화시켰다 누구랄 것 없이 바람구멍을 막고 미친바람이 지나가기만을 기다리며 바깥세상에 귀를 기울인다 뿌리까지 흔들리는 나무들의 울음이 창틈으로 새어들고

  마을 진입로는 바다의 토사물로 곳곳이 쓰레기 더미 한길에 주차된 자동차는 집 앞까지 쓸려와 아무렇게나 널브러져 있고 길인지 마당인지 곳곳이 패여 불모지처럼 황폐하다

  고즈넉하던 작은 섬이 뒤숭숭 놀란 가슴을 다독인다 TV는 저 혼자 돌아가고 책장은 넘어가지 않는다 마음은 이미 파도를 타고 바다 건너 집으로 달려가고 몸은 외딴 방 섬 속의 섬이 되어 왼 종일 짠물에 젖어 있다

| 제3부 | **티격태격**

개화

봄이 왔다고
폭죽 터지듯
톡톡톡
꽃망울이 터진다
꽃이 싫다고
화를 내던 너
이상해서
고갤 저었는데
지금은
그럴 수 있다고
끄덕이며
꽃이 피어도
취업은 멀고
허공으로
투신
다 비워도
꽃은 멀고
또 봄이
가네

옥상의 환풍기

덜커덩덜커덩
핑핑핑
시도 때도 없이
돌아가는 바람돌이

노곤한 밤이면
그 소리 더욱 요란하여
귀를 감싸고
괴로웠다

그놈의 환풍기 소리만
들리지 않는다면
행복할 거라 믿었다

섬을 떠나
환풍기 소리 없어도
잠은 안 오고

이런저런 세상사
수심은 많아
사면은 고요한데
밤을 뒤채며

환풍기 소리에
잠 못 들던
그 밤이
차라리 그리워
덜커덩덜커덩
핑핑핑

외풍앓이

기름이 귀한 섬
동절기에도
보일러를 맘 편히 못 틀어
문틈을 비집고 스미는 한풍
코끝이 시리다

오리털 점퍼에
수면양말을 신고
전기요 침낭까지
꽁꽁 싸매고
잠을 청한다

매일 밤
이 불청객 퇴치가
선결과제
행복의 조건이다

지금은 훈훈한 난방에

반팔 세리머니
분명 낙원이련만

자족할 줄 모르는
또 다른
외풍앓이
끝이 없어라

티격태격

작은 오해로
티격태격
시끄러운 날
산다는 것이
하찮아서
이불 뒤집어쓰고
이리 뒤척 저리 뒤척
한 살 더 먹으면
품어주고 싸매주고
넓어질 줄 알았는데
뜻하지 않은 곳에
복병은 있어
너나 내나 고만고만
캄캄한 밤
별 하나 뜨지 않고
싸라기 같은 생각
좀체
사라지지 않는다

온종일

두문불출

통신 두절이다

갈등

적은
밖이 아니라
내부에 있었다

좁은 바닥
밀도가 높아
부대끼는 일도 많고

확대경 제 손금 보듯
소소한 것도
크게만 보여

뜻 없는 말에도 버럭
그간의 정리情理
물거품 된다

엎치락뒤치락
미안함도 뉘우침도

사라지면

고샅엔
개미 한 마리
보이지 않고

외딴 섬에
불시착 한
미아가 된다

지두리 달빛샤워

둥두렷이 뜬 보름달
지두리* 넓은 백사장
달빛 폭설이 내려

어디선가 허생원 말방울 소리 들려오고
소금을 뿌린 듯 보름 달빛이
메밀꽃처럼 흐드러지게 피었다

약속이나 한 듯
누구는 소주를 들고 강난정으로 가고
누구는 낚싯대를 메고 밤낚시를 가고
몇몇은 커피를 내려 지두리로 향한다

백사장 한가득
흘러넘치는 달빛
품으로 달려드는
검푸른 파도

따끈한 찻잔에 커피향
어느새 몸도 마음도 둥실
스물 청춘이 되고
벅찬 풋풋함에 젖는다

누구랄 것 없이 저마다
사무친 사연 주거니 받거니
이어가노라면
아쉬운 대목에선 멈칫멈칫
달빛도 구름 속에
얼굴을 감추던가

먼 훗날 다시
보름 달빛 폭설로 내리면
못 다한 이야기
이렇게 밀물로 출렁일까나

*섬에서 가장 반듯한 해변, 샤워시설이 갖춰진 넓은 해안.

겨울방학 근무조

삼각산이 가까이 내려오는
꺽주기*철이 되면
무성하던 초록은
마른 덤불로 뒹굴고

섬 곳곳이
거친 바람에
털 빠진 짐승처럼
앙상하다

유리창에 붙어있던
덕지덕지 나방들
어디론가 사라져
허전하고 궁금하다

해풍에 길든 잡목숲
미친 바람소리만
흉흉히 떠돈다

모두 떠나고
혼자 남은
겨울방학 근무조

삼각산도
스멀스멀 안개 속
허리를 감추고

먼 곳
일탈을 꿈꾸며
환각에 젖어 있다

*농어과로서 '꺽지'를 일컫는다. 섬사람들은 삼식이, 꺽다구, 꺽주기, 꺽치라고도 한다.

그해 첫눈

눈이 내린다
지두리 가자고
누가 먼저랄 것 없이
들뜬 눈빛이다

첫눈치고 많은 눈이
실성한 바람 속을
뒤숭숭 퍼붓는다

몸도 마음도
아우성치는 눈발 속에
섞여 흩날린다

일상의
크고 작은 스크래치가
퍼붓는 눈발에 녹아
스러지는가

하루살이 떼처럼 윙윙
치대며
곤두박질하는
눈발에

설움도
그리움도
검푸른 물결이 되어
바다속으로 뛰어든다

개망초

공터
언덕배기
저절로 자라
큰 마을
이루는

다가서면
초롱초롱
둥근 얼굴
돌보는 이 없어도

점점이 하얀
촛불을 켜고
속눈썹 같은 꽃잎
순결하여라

산바람 들바람에
허리 휘청

바닥까지
누웠다 일어서는

풀꽃들의
군무
절로 이는
탄성

언덕이
환해지네

스트레스 받은 날

너와 나는
얼굴도 이름도 태생도
모든 것이
다르다

다름을 견디려는
몸뚱이의 반응
스 · 트 · 레 · 스

헛말 수다에
껀껀件件이 간섭에
제 중심의 잔머리
볼썽사나운 유치함까지
온갖 주접 다 떨어
스트레스 받는다

너를 만난 날은
개똥 밟은 날

그런 날엔
바다로 간다
바다를 본다
바다를 품는다

말없이 출렁대는
거대한 물결
한나절이 지나면

너랑 나랑은
샴쌍둥이
서로 닮았다

가을 · 1

덥고 습한 기후는
나방들의 천국

신기한 나방들이
창문마다 닥지닥지
별밤 전시장을 이룬다

그러다 문득
그들이 사라지면
유리창이 휑하니
허전하다

눈길 머무는 곳엔
각시취 구절초 쑥부쟁이
청초한 보랏빛이
대신하고

발길에 차이는

마른 잎
가르랑가르랑
이리저리 굴러

집 생각 울컥
가을인가

가을 · 2

새벽닭
울음소리 들으며

사도행전
스데반 편을
읽을 때면

까닭 모르게
목이 메고

여기는 어디인가
무엇을 하고 있나

뜸해진 풀벌레 소리
귀를 기울이다 보면

목덜미 선득선득
은빛 서리 칼날 진
계절은 깊어라

반성문 · 1
―지금 알고 있는 것을 그때 알았더라면*

지금 알고 있는 것을
그때 알았더라면

숨
그것만이
진실

나에게
너에게
쓰담쓰담
더 깊이 품을 내줄 걸

좀 더 여유롭게
좀 더 부드럽게
좀 더 달달하게

오늘을 살고
내일을 기다릴 걸

지금, 여기만이
참인 것을

*류시화 시.

반성문 · 2
―사필귀정事必歸正

깜깜한 밤
으스름 달빛에 기대어
운동장을
돌고 돈다

다 비우고
한 호흡 늦추어도
극기는
난코스
연일
고난도 게임이다

일상사
표변하는 구름이나
때로는 함께
때로는 홀로
밤바람 속을
돌고 돈다

〉
모든 것은
사필귀정이라고
밤바람이
속삭인다

반성문 · 3
―컴퓨터의 일침―針

모니터 화면에 있던
폴더와 아이콘이
싹 지워졌다

작업 중이던
중요한 자료가
사라진 것이다

눈앞이 캄캄
제정신이
아니었다

조교가 다가와
한참 만에
원상복구 된다

한숨 돌리며
생각하니

성질내며
방방 뛴 모습이
부끄럽다

바쁠수록
돌아가라는
기계의 일침

얼굴이 화끈거린다

가을소풍

중2, 중3을 데리고
노랑구미로 소풍을 간다

칡덩굴이 초록바다를 이루는
계곡을 내려가다 보면

숨어있던 비경에
탄성을 지르며
자꾸 뒤돌아보는
무성한 처녀림을 지나

은빛 억새 한길까지 나와
마중하는 호젓한 바닷가

하얀 바닷새들이
벼랑 위를 활강하며
하늘을 날고

천년 세월 바윗돌엔
살진 홍합이며 우렁쉥이들이
닥지닥지 손 타지 않은 곳

반쯤 물속에
몸을 담그고
그림을 그리는 수석水石
장단 치는 물살에
신이 난다

아이들은 도시락을 먹고
바닷새가 되어
끼룩끼룩 춤을 추며
절벽을 기어오른다

아이들의 흥에 취해
뒹굴기도 하고
출렁거리며
정신없이 보낸 하루

파도가 밀려오고 밀려가고

우연인지 필연인지
태어나면
학교에 들어가
시험공부에 시달리다

취직하고 결혼하고
애를 낳고 키우고
출퇴근 전쟁에
부족한 잠
늘 피곤하고

울고 웃고
괴로워하며
빚을 내고
빚을 갚고

독서를 하고
음악을 듣고

여행을 하며
수다를 떨고

성경을 읽고
회개도 하고
기도를 하며
산책을 하고

춘하추동 파도는
밀려가고 밀려오고
바닷물은
깊어만 간다

| 제4부 | **껌**

적빈赤貧

마른 낙엽으로
뿌리를 덮고
알몸으로 선
겨울 숲
쇳소리 나는
맵찬 해풍에
촘촘히 서서
엷은 햇살이나마
같이 받자고
키를 낮추고
바짝 엎드린
겨울산

게임을 하다가

날아오는 도끼를 피하여
벽돌을 깨고
점수를 쌓는다

다시 날아오는 화살을 피하여
벽돌을 깨고
점수를 쌓는다

화살이 비 오듯 쏟아지는
적진을 뚫고
금빛 은빛 보라빛 벽돌을 깬다

5단, 6단……
단이 높아갈수록
고난도 게임
밤은 깊어가고

8단이나 9단에서

게임은 끝나고
점수는 다시 제로가 된다

다음날도
그 다음날도
점수를 쌓다가
8단이나 9단쯤에서
게임은 끝나고
점수는 제로가 되고

날이 흐리거나
또는 해가 뜰 것이다

껌

로마서 12장 16절

스스로 지혜로운 체 말라
우는 자들로 함께 울라
악으로 악을 갚지 말라
사랑으로 선을 행하라

넘어지고
깨지고
뭉개지고

모래알갱이 같은 날
모래알갱이 씹으며
모래알갱이가 되어

아는 길이
어려워라

말씀은 껌

씹고

또

씹는다

봄을 기다리며 · 1

100년만의 강추위
폭설이 내려
은빛 캔버스
눈부시게 펼쳐지다

쩍쩍 얼어붙은 세상
위풍당당 밤새
온 천지를 삼켰다

성에 낀 유리창에
입김을 불어

'새 봄 다시 시작'
이라 쓴다

새 봄엔

휑한 창문에

연두빛 커튼을 달고
마른 화분에
꽃씨를 묻으리

새로 맞춘
안경을 끼고
두근두근
길을 나서리

봄을 기다리며 · 2

루드베키아
까맣게 여물어
한 계절
저만치 물러가고

해쓱한 들길
은발의 억새가
허리 굽혀
안부를 묻네

앞산 뒷산
꽃단풍
서나서나
마른 잎이 날리면

불혹不惑
이순耳順을 지나

뿌옇게
흐려오는 유리창
다시
봄을 기다리네

그 날의 화두
―「꽃들에게 희망을」*

날개를 다는 건
목숨을 버려
아득한 허공으로
추락하는 일

죽음의 끝에서
허물을 벗고
펼치는
노랑 애벌레의 춤

어떤 이유도
생각할 틈도 없이

수많은
무리를 따라
끊임없이 기어가는
애벌레 군단

서로 밟고 밟히며
자기만의 껍질에 싸여
수많은 애벌레가
기어간다

노랑 애벌레 한 마리
무리에서 벗어나
허물을 벗는다 훨훨
나비가 된다

*트리나 폴러스 작품. 호랑 애벌레는 '삶의 의미'를 찾아 여행을 시작한다. 수많은 애벌레가 기둥 너머 희망이 있을 거라고 생각하며 기어간다. 줄무늬 애벌레도 수단과 방법을 가리지 않고 올라간다. 노랑 애벌레는 나비가 되면 새로운 삶을 살 수 있다는 사실을 깨닫고 나비가 되기로 결심한다는 내용이다.

말똥구리

붉은 두건을 매고
신발끈을 조인다고
얽힌 실타래가 풀릴 리 없으리

새날은 없고
어제의 연장선
달라질 리 없다고 체념하다가

아니야
오늘 흐르는 강물은
어제의 강물이 아니라며
부산한 사거리 오거리를 건넌다

바다가 가까울수록
강물은 거칠고 빠르다
남은 햇살을 가두려 종종 걸음이다

모든 것이 바뀌지 않는다고

조바심을 치다가
달라지고 있다고 기다리며

집채 만한 소똥 말똥을
굴리고 또 굴리며
오늘도 말똥구리는 분주하다

이기주의자

아니면 아니고
기면 긴데

아니어도 기고
기어도 긴 건

뭐지?

내 거는 내 거고
니 거는 니 건데

모든 것이 제 것인 양

그런 너를

섬 안에서
또 섬 밖에서
마주친다

도대체
넌
뭐냐?

역설逆說 · 1

챙겨 달라 하지 않고
챙겨주어 고맙습니다

밥 대신
정을 주어 고맙습니다

계산 되는 것보다
계산 되지 않는 것을 주어 고맙습니다

기다리게 하지 않고
늘 기다려 주어 고맙습니다

보이는 것보다
보이지 않는 것을 주어 고맙습니다

그러나
이 길 다시 걷자 하면
걸을 수가 없습니다

역설逆說 · 2

매 순간
감사하다고 했지만
마음은 다른 데에 있었다

괜찮다고 했지만
달리 도리 없어
순응할 뿐이었다

늘 좋다좋다 했지만
불공평한 여정에 시달려
탈진해 있었다

그러구러
강물은 흐르고
구름은 흩어졌다 모이고

몸도 생각도 바뀌고
모든 것은 변해갔다

이제는 안다
만남과 이별 사랑과 눈물
아픔까지도
소중한 선물임을

생 노 병 사
모든 것이 삶의 과정이고
신의 축복임을

섬으로 가는 길

어떤 이는
탄탄대로를 서나서나 걷고

어떤 이는
고속도로를 쾌속으로 달리며

어떤 이는
심한 뱃멀미에 토악질을 하며

높은 파도 롤러코스터를 타고
어질어질 섬으로 간다

제발

백 년 한파에
산 것도 죽은 것도
얼음땡이다
열 평 원룸
독거 석3년이라니
곳곳에 숨어 있는
수렁에 움츠린 날개
만설 은빛 장관 속
날개를 펴고
꿈을 펼쳐
유유히
날아올라라
푸른 새벽빛을 뚫고
독수리처럼
비상하라
높이높이
제발

고도를 기다리며

보아뱀 뱃속에 갇힌
아기코끼리는
얼마나 큰 소리를 질렀을까
고도를 기다리며
뱀의 아가리는 닫히고
차라리 입을 다물고 있었을까
얼마나 기다렸을까
점점 녹아드는 통증에
고도는 올 것인가
마침내 올 것인가
한 점 빛도 보이지 않는
솔잎 같은 칼바람
언 손등을 핥고 지나가는 밤
고도는 올 것인가
보아뱀 뱃속에서 어미를 기다리는
아기코끼리처럼

꿈꾸는 돌 · 1

먼 산정에서 굴러
부딪치고 깨어지고
몽글어지기까지

해변의 몽돌은
얼마나 오래 거기
웅크려 있었을까

수천 년 비와 바람으로
다져지고 다져져
뜻 모를 추상화를 그릴 때까지

무명의 어둠에 갇혀
작아지고
더 작아져서

물이 되고
바람이 되어

우주공산 날아다닐 때까지

오늘도
수신하며
물살의 아픔을 견딘다

꿈꾸는 돌 · 2
―노래방에서

돌은 저마다
몸이 기억하는
그리움을 노래하였고
태생의 물결로 출렁거렸다

돌 하나. 아직도 넌 혼잔 거니 물어오네요 난 그저 웃어요~

거친 섬
해풍에도 쉽게 흩어지지 않았으며
가던 길을 멈추지 않았다

돌 둘. 멋들어진 친구 내 오랜 친구야
언제라도 그곳에서 껄껄껄 웃던~

어둠 속에서도
순간을 다스리며
지나간 구름들을 그리워했다

돌 셋. 무작정 당신이 좋아요 쏴와아아아아
이대로 곁에 있어 주세요 쏴아아앙아
하고픈 이야기 너무 많은데 흐르는 시간이 아쉬워~

서로 으르렁대다가도
함께 부대끼며
서로의 버팀목이 되어 주었다

돌 넷. 이제 모두 세월 따라 흔적도 없이 변하였지만~
언젠가는 우리 모두 세월을 따라 떠나가지만~

순리

먼저 온 흰 돌 앞에
검은 돌이 가린다

흰 돌은 소리치고
검은 돌은 물러서지 않는다

흰 돌은 주먹질을 하나
누구도 못 들은 척

벽은 벽일 뿐
꼼짝하지 않는다

벽은 도처에 있다
벽을 지나가는 방법은

구름이나
바람뿐이다

부치지 못한 편지
—K 선생님께

만남1

질풍노도의 시기 방황의 소용돌이 속에서 만났던 스승이 있었다. 그 즈음 나의 유일한 빛이었던 그분이 내게 준 선물은 「섬」이라는 화두였다. 「인간이란 무엇인가」 아우슈비츠 수용소, 유일한 생존자 이야기도 섬과 무관하지 않았다. 절대 고독, 그 절망의 끝에서 만나는 섬, 전율하며 막연하게 어떤 섬을 동경하였다. 어쩌면 그때부터 섬으로의 일탈을 꿈꾸었고, 섬을 향한 여정이 시작되었으리라.

이별2

첫 발령지에서의 일이다. 연탄가스에 중독되어 바둥거렸던 기억이 있다. 사고무친, 먼 타향 곁엔 아무도 없었다. 죽음의 문턱에서 고독했고 무력했다. 삶을 포기한 채 절망과 어둠의 끝에서 말없이 눈물이 흘러 내렸다. 그 순간 나는 삶을 포기했다. 그러나 어찌어찌 주인댁의 도움으로 깨어났고 덤으로 인생을 살고 있다.

삶을 포기하고 죽음의 문턱에서 느꼈던 것은 어떤 깨달음이었다. 그 많은 잡다한 생각과 철학적 사유가 다 쓸데없다는 생각이었다. 그냥 숨을 쉰다는 것이 기적이고 삶의 이유가 되었다. 안 하던 화장도 하고 원색의 옷들을 골라 입었다. 그동안의 나를 벗어나고 싶었다. 어떤 만남도 사유도 거부한 채 숨만 쉬었다.

섬3

내 안에 갇혀 있던 섬은 잊혀진 게 아니었다. 결혼을 하고 아이를 키우면서 깊이 웅크려 있던 섬이 다시 수면 위로 떠올랐다. 섬을 넘어야만 살 수 있었고 끝내 입도하였다.

처음 눈에 띈 섬은 작고 초라했다. 군데군데 패각무덤과 비리고 남루한 넝마가 눈에 띌 뿐. 간간이 잡목 숲에서 산비둘기가 썰렁하게 울었다.

그러나 밭두렁을 뒤덮던 무성한 머위, 나뭇가지와 바윗돌을 휘감고 거침없이 뻗어나가는 칡덩굴을 보며 강한 생의 의지를 느낄 수 있었다.

섬을 이기는 방법은 더 지독한 섬이 되는 거다. 숨 막히게 짓누르는 심해 밑바닥에서 꽁꽁 언 고드름을 마음에 달고 섬을 견디고 섬이 되어 살았다.

後記

 눈 감으면 아직도 비릿한 섬 냄새가 바닷바람에 섞여 불어온다.
 장장 네 시간 이상을 출렁대는 파도에 실려 어질어질 뱃멀미 끝에 도착하던 섬. 전교생이 50여 명인 작은 학교에 발령을 받아 처음 섬으로 갔을 때가 엊그제만 같다. 이미 학교에 근무하고 있던 선생님 몇 분이 배 터까지 나와 반갑게 맞이해 주었지만 그저 막막했고, 암담했던 기억들이 생생하다. 우선 생활하기 위한 짐 보따리 몇 개를 이끌고 내린 섬의 첫 모습을 그날의 일기장을 통해 다시 들춰 본다.

 뱃멀미로 온전한 정신은 아니었지만 동그래진 눈으로 새롭고 낯선 풍광들을 둘러보았다. 2월의 섬 모습은 찬바람에 꽁꽁 얼어붙어 침울했다. 몇몇 가구가 바싹 엎드려 있던 작은 포구도 낯설고 남루했으며 쉽게 손을 내밀어 반겨줄 줄 몰랐다.
 처음 섬에 들어왔을 때에는 긴장과 불안, 다 떨궈내지 못한 뭍에서의 잡다한 상념들로 복잡한 낯빛을 하고 있었으리라. 뭐가 뭔지도 모른 채 완전히 방전된 배터리가 되어 더 이상 버티지 못하는 시간들을 버겁게 끌고 그렇게 멀고 낯선 섬으로 첫발을 내딛었다.

 겨울 잿빛 하늘과 무표정한 산, 그리고 낯선 풍경, 손등을 스치는 차갑고 거친 바람, 냉랭한 눈빛의 포구에 당장 버텨야 할 것들을 담아온 짐짝들과 함께 처음 선진포구에 부려졌다. 이제 정말 혼자다. 곁엔 아무도 없다.

 꺼멓게 살갗이 탄 뱃사람들이 투박하고 억센 손으로 뱃짐을 부려놓는 부산한 포구의 모습이 눈에 어린다. 3~40대 중후반으로 보이는 순박해 보이는 남정네들이 홀깃홀깃 일별을 던졌다. 그들은 건성건성 새로 부임해 오는 교사들을 바라보았으나 이미 이쪽 신상을 훤히 꿰뚫고 있는 눈빛이었다. 한참 지나고 나서야 안 일인데 나도 섬사람들을 대략 알고 난 이후에는 섬으로 들어오는 사람들의 옷 모양새만 보아도 무엇 하러 온 사람인지, 며칠 들렀다 갈 관광객인지, 주민들의 친인척인지를 한 번 보고도 대략 알아챌 수 있었다.

 시커먼 바위에 다닥다닥 붙어사는 따개비처럼 선진동 포구에는 올망졸망 두어 개의 식당과 구멍가게, 다방, 면사무소 등이 늘어서서 생계를 이어가고 있었다. 그중 을씨년스런 2월의 섬 날씨에 어울리는 허름한 식당에서 성게알을 넣고 끓인 칼국수로 환영인사 겸 점심식사를 했다. 그 사이 이불 및 캐리어는 학교 트럭에 실려지고.

 처음 정들기 전엔 작고 초라한 섬, 꼭 유배지처럼 느껴졌다. 척박하고 남루한 환경, 바람을 막고 어둠을 가리기 위해서만 지어진 보잘 것 없는 가옥들, 인적조차 없어서 외롭고 서러운, 그러나 마을 중심에 서 있는 조그만 성당이 조금은 위안이 되었다.

 무엇이나 때에 절어 여기저기 구멍이 나고 찌그러진 것들, 녹이 슬고 부서진 것들이 익숙하지 않았다. 그러나 모든 물자가 귀하다보니 그런 것도 소중히 여기게 되고 아껴 쓰게 되었다. 버려진 것들을 다시 고쳐 쓰고 그런 것들에 의지하며 사는 일이 스스로 대견하게 여겨지고 뿌듯해지기까지 했다.

 그날의 일기장엔 이렇게 쓰여 있었다.

 부족한 글이 이름을 달기까지 많은 망설임이 있었다. 서랍 깊숙이 묻어두고 혼자만의 추억으로 간직하려 했었다. 그러나 코로나 블루가 길어지면서 자주 서랍 속을 들랑거렸다. 그러다가 출판을 결심하게 되었다. 먼저 시의 길을 걸으며 아낌없이 조언을 해주신 유 시인께 고마움을 전합니다. 또한 매번 첫 독자가 되어주고 갈등의 순간마다 시금석이 되어준 남편 그리고 든든한 버팀목인 두 별님 혜리, 한빈에게도 고마움을 전합니다. 사랑합니다.

|해설|

파도의 기억
―황명덕 시세계

박동억 | 문학평론가

1. 황홀하고 고독한 곳

시라고 불리는 모든 작품이 느슨하게 서로를 닮은 것에 지나지 않듯, 때로 어떤 작품이 시의 범주를 벗어나는 경우 또한 자주 있는 일이다. 어떤 시집은 소설을 닮은 것처럼 보이기도 하고 어떤 시집은 잠언록에 가까운 것이 되기도 한다. 『대청도 일기』 또한 고루한 시집의 형식을 잠시 잊고 다른 방식으로 읽어나가는 편이 나을 듯하다. 차라리 이 시집은 그 제목처럼 일기로 접근하거나 또 여행기로 접근할 때 그 울림이 여실히 다가오는 것이다.

물론 『대청도 바람일기』에도 시적인 정신은 깃들어 있다. 우리가 한 번쯤 생각해보아야 할 사실은 어떤 글을 시라고 부르려 하는 마음이 존재한다는 사실의 신비로움이다. 구태여 우리 시대에 시와 시인이 존재해야 할 이유는 무엇인가. 답을 구하기 어려운 질문이다. 다만 시인이 존재한다는 것은 어떤 의미로 우리 마음속의 무엇인가는 시여야만 한다는 것, 그저 일상적인 말이 아니라 시라고 고쳐서 발음해야 하는 무엇이 존재한다는 사실을 뜻한다고 표현해보자. 우리는 바로 여기서 시적인 물음을 『대청도 바람일기』에도 되돌릴 수 있다. 어째서 황명덕 시인은 십여 년이 지난 이후에야 대청중고등학교와 대청도를 떠올려야 했던 것일까. 무엇을 그리워하기 위해, 혹은 용서하기 위해, 혹은 받아들이기 위해, 그의 손은 오랜 풍경을 시집에 옮겨 놓아야 했던 것일까.

서해바다에 대청도라는 이름의 섬이 있다. 사료에 의하면 그 이름은 눈썹 화장을 할 때 사용하는 검푸른 먹을 닮았다고 하여 붙여진 것이라고 전한다. 대청도는 행정적으로는 인천시 옹진군에 속해 있지만 실제로는 강화도보다 북한 황해남도에 더 가까운 섬이기도 하다. 고려시대 원나라의 황족이 유배를 오는 장소이기도 했다는 사실을 떠올리면, 어쩐지 대청도는 물리적인 거리뿐만 아니라 시간적으로도 먼 장소처럼 느껴지기도 한다.

황명덕 시인은 그가 대청도에서 국어교사로 재직하던 2008년부터 2010년까지의 기억을 술회한다. 그가 대청도에 처음 들어서는 순간에 느꼈던 감정은 「입도」에 드러나 있다. 심한 멀미를 견디며 들어선 섬의 첫인상은 생경한 것이었다. 살을 얼어붙게 하는 찬바람과 황량한 초가 몇 개, 그리고 "텃세하듯" 놓인 산의 정경은 멀게만 느껴졌다. 그러나 그는 곧 대청도의 꽃과 해변이 말을 걸어온다는 것을 깨달았다(「미아동 연가」). 무성히 자란 꽃은 그만큼 다채로운 목소리인 듯하고, 파도가 밀려오는 해변은 쉬어가라는 목소리인 듯하다. 시인의 눈에 비친 꽃잎과 파도가 말 건넴이라면, 사방이 해변인 대청도는 말의 포옹일 수밖에 없다. 시인은 결국 대청도 안에 녹아든다. 그는 모든 존재가 말 건네는 성찬 속에서 "안 먹어도 배부른/풍요로운 바닷가"(「노랑구미」)가 자신을 끌어당긴다는 사실을 알게 된다.

한편 섬은 여실히 혼자임을 깨닫는 공간이기도 하다. 자신이 원하는 만큼 전진할 수 없고 더는 새로운 만남과 사건을 기대할 수 없을 때, 사람은 저 먼 수평선과 마주하면서도 줄곧 자신 안으로 되돌아오기 마련이다. 그래서 폭풍우가 몰아치던 어느날 시인은 이렇게 적기도 했다.

> 폭풍우 몰아치던
> 천붕지괴天崩地壞의 낮밤을
> 산비탈을 구르고
> 바닷길을 건너
> 부서지고 깨어지고
> 햇빛 달빛에 담금질한

물살의 아픔이
온 몸에 추상화抽象畫를 그리며
묻는다.

물 안에도 섬
물 밖에도 섬
너도
섬이지?

―「독바위 먹돌」 후반부

　외딴 바다에 놓인 대청도가 그렇듯, 대청도가 품은 독바위 먹돌과 '나'가 그렇듯, 모든 존재는 섬이다. 모든 존재는 홀로 자기 존재를 짊어지고 홀로 자신의 마음을 감당할 수밖에 없다. 삶의 시련과 폭풍우는 닮았다. 상상도 할 수 없는 지질학적 시간 동안 대청도를 향해 몇 번이고 하늘과 땅을 조각낼 듯 폭풍우가 몰아쳤을 것이다. 그만큼 대청도의 고독은 벼려지고 단단해졌을 것이다. 마찬가지로 사람은 자기 몫의 삶을 견딘다. 구르고 깨어지고 담금질 되는 저 육체는 한 존재의 몫이다.
　그런데 홀로 고독하다고 말하는 것과 나란히 고독하다고 말하는 것 사이에서, 어떤 목소리가 좀 더 우리의 삶을 견딜 만한 것으로 만들어줄까. 황명덕 시인은 섬과 독바위 먹돌을 향해 말 건네는 편을 택한다. 그가 너 또한 섬이냐고

물을 때, 독바위는 침묵으로 정확히 응답했을 것이다. 모든 존재는 삶과 고통에 관한 한 서로에게 침묵할 뿐이다. 어쩐지 그 침묵을 나누는 것이 삶을 좀 더 아름답게 느끼게 만드는 순간이 있다. 그렇게 "물살의 아픔"이 깊어지며 유일무이한 고통의 "추상화"를 이루기도 할 것이다.

발 디딘 대지의 한계와 존재의 한계를 확인하게 만드는 섬이라는 장소가 섬사람의 마음을 기르는지도 모르겠다. 「선진동 아이」와 「섬 아이들」은 대청도의 풍경을 소묘하는 작품이기도 하고, 섬에서 자란 아이가 지니는 향토적 기질에 대해서 묘사하는 작품이기도 하다. 「선진동 아이」는 어부들이 바다에서 건진 물고기들을 뭍에 내놓는 풍경을 "이마에 맺힌 땀방울이 거래되"는 역동적 과정으로 묘사하는 작품이다. 여기서 시인은 '땀방울'로 상징되는 인간 노동 자체에 눈길을 두고 있다. 한편으로 이 작품은 편부모 가정에서 자라난 아이가 아버지를 기다리며 "단단한 외로움 속 말수가 줄고" 있는 모습을 그린다. 어부인 아버지를 오래 기다리며 아이는 조금 일찍 어른이 되어갈 것이다. 시인이 발견하는 섬의 의미는 바로 그것이다. 섬의 반경이 그러하듯, 우리의 손으로 쥘 수 있는 것은 한 줌에 지나지 않는다는 것, 그러나 그 한 줌의 만남을 귀하게 여겨야 한다는 깨달음이다.

일찍부터 사람 사이
만남과 헤어짐에
길이 들어
혼자 크는 법을 알고
무엇에 집착하지 않으며
사람 귀히 여기는

천진한 웃음 끝에
찐득한 외로움 배어나는
오늘도
그들을 보며
바다를 배우고
바다를 품는다.

―「섬 아이들」 후반부

 황명덕 시인의 목소리에 빗대어 대청도가 사람을 기른다고 말해본다. 섬은 인간을 물리적으로 구획하는 장소이면서도 사람의 마음을 형성하는 틀이 된다. 다시 말해 바다는 섬과 내륙을 가로지르고 사람이 떠나가고 건너오는 경계이면서도, 그 경계 앞에 선 사람으로 하여금 관계 맺음의 소중함과 외로움의 의미를 깨닫게 하는 내적 자세이기도 하다. 본래 바다를 바라본다는 것은 헤아릴 수 없는 수심을 몽상하는 동시에 수면에 비친 자기 자신의 모습을 바라본다는 것, 그렇게 세계를 이중화한다는 것이다. 그리고 이 이중의 작용 속에서 황명덕 시인은 현실의 층위이자 자아의 층위로, 즉 수면에 비친 자신을 되돌아보는 거울의 작용에 몰입하는 경향이 두드러진다.

다르게 표현하자면 그의 시는 줄곧 시적인 몽상에 자신을 내던지기보다 여실한 현실의 기록으로 되돌아온다고 볼 수 있다. 시인은 어부들이 바다 너머에서 보았던 것이 무엇인지 묻기보다, 뭍으로 돌아오며 그들이 어떤 사랑을 떨쳐내야 했는지 상상하기보다, 섬의 위치에서, 섬을 견디는 섬사람의 마음으로 대청도를 증언한다. 황명덕 시인의 『대청도 일기』는 분명히 꽃잎과 파도를 매개로 말 건네는 대청도의 황홀함과 홀로 남겨진 대청도의 고독을 함께 들여다보는 시집이다. 하지만 갈수록 그의 눈길이 향하는 것은 대청도의 현실이고, 고독이며, 바다에 비친 대청도와 섬 아이들의 마음인 것이다.

2. 파도의 몫

가스통 바슐라르가 말했듯, 깊은 물은 선택을 강요한다. 들여다보거나 들여다보지 않는 것, 이 사이에서 황명덕 시인은 파도 너머가 아닌 파도에 감싸인 대청도의 고독에 눈길을 두었다. 그는 폐교의 적막에 귀 기울이고(「사탄광 폐교에서」), 자신이 머문 관사의 추위와 쓸쓸한 정경을 눈에 선하게 그려내었다(「겨울 관사」, 「빨간 지붕 304호」). 따라서 그의 시는 대청도에 대한 여실한 증언이자 충실한 재현이 될 수 있었다.

「귀로를 기다리며」와 「회항」와 같은 작품에 서술하듯, 관광객들에게 대청도는 거처가 아니라 잠시 머무는 곳에 지나지 않을 것이고, 높은 파도 때문에 배가 결항하는 동안에도 평온히 기다릴 수 있을 것이다. 그러나 돌아가지 못한다고 생각해보자. 해마다 혹은 매일 "집 생각 울컥" 치밀어 오르는 순간이 있을 것이다(「가을 1」). 까닭 없이 목이 메고, 길을 잃은 듯 "여기는 어디인가/무엇을 하고 있나"(「가을 2」) 묻게 되는 순간에 대해서도 시인은 고백한다. 이렇듯 대청도에 산다는 사실을 받아들이는 것은 쉬운 일이 아니다.

하지만 시인은 고독하고 황망한 순간 속에서도 배움을 얻는다. 외지에서 부임한 해병들을 자식처럼 살뜰히 돌보기 때문에 '해병 할머니'라고 불리던 할머니로부터 인정을 배우기도 하고(「해병 할머니」), 대청도에 이웃한 섬인 백령도를 방문하여 사곶 해수욕장의 파도를 보며, 모든 발자국이 파도에 씻기듯 "애초에 용서할 수 없는 것들은 없다"라는 사실 또한 되뇌어본다. 여기서 우리가 생각해볼 것은 그의 시에서 반복되는 시어인 '파도'의 의미이다.

백사장 한가득

흘러넘치는 달빛
품으로 달려드는
검푸른 파도

따끈한 찻잔에 커피 향
어느 새 몸도 마음도 둥실
스물 청춘이 되고
벅찬 풋풋함에 젖는다

누구랄 것 없이 저마다
사무친 사연 주거니 받거니
이어가노라면
아쉬운 대목에선 멈칫멈칫
달빛도 구름 속에
얼굴을 감추던가

먼 훗날, 다시
보름 달빛 폭설로 내리면
못 다한 이야기
이렇게 밀물로 출렁일까나

―「지두리 달빛샤워」 부분

앞서 「미아동 연가」와 「노랑구미」와 같은 작품에서 꽃이 말 걸어오듯, 달빛과 파도 또한 어떠한 목소리로서 다가오는 것이다. 그러나 꽃의 생생한 말과 달리, 달빛과 파도가 상징하는 것은 "사무친 사연"이고 "못 다한 이야기"이다. 밀려오고 밀려가는 것, 손끝으로 쥘 수 있을 것 같았지만 손가락 사이로 새어나가고 마는 그 물결을 시인은 추억의 연상작용과 동일시하고 있다.

그런데 여기에는 상실한 추억에 대한 슬픔보다 아름다운 회상이 앞서고 있다. 요컨대 "흘러넘치는 달빛"과 "벅찬 풋풋함"과 "밀물"의 "출렁임"으로 가득 찬 회상 속에서, 잃어버린 대상은 아쉬운 것일지는 몰라도 절망에 빠지게 만드는 계기는 아닐 것이다. 이처럼 해변은 그의 시에서 상실의 공간이면서 승화의 공간이기도 하다. 그렇다면 황명덕 시인의 시집에서 '파도'는 일차적으로는 과거에 대한 연상 작용을 의미하지만, 근본적으로는 옛 과거와의 화해를 가능케 하는 원근운동인 셈이다.

황명덕 시인에게 파도란 아픈 추억을 보듬어보는 손짓에 가까운 것이다. 그리고 그의 시집을 이루는 갖가지 이미지들은 이러한 운동으로 포괄할 수 있어 보인다. "일상의/크고 작은 스크래치가/퍼붓는 눈발에 녹아/스러지는가"(「그 해 첫눈」)라고 표현할 때 '눈발' 또한 일상의 상처를 감싸고 있다. "성에 낀 유리창에/입김을 불어//'새 봄 다시 시작'/이라 쓴다"라고 마음을 다잡는 것 또한 마찬가지다. "새 봄엔//휑한 창문에/연둣빛 커튼을 달고/마른 화분에/꽃씨를 묻으리"(「봄을 기다리며·1」)라고 다짐할 때, 그의 시가 기대하는 것은 결국 모든 메마른 것들을 소생하게 만드는 봄의 손짓인 셈이다.

따라서 「바다 스케치」 연작에 묘사된 다양한 이미지나 「서해교전」 연작에 재현된 현실의 사건은 소재로 차용되었을 뿐 실상 이 시집의 정신성을 담보하고 있지 않은 것처럼 보인다. 좀 더 내밀한 이미지는 "미궁을/헤매는/풍뎅이 한 마리"(「풍뎅이 놀이」)처럼 놀이의 이미지로 옮겨놓은 고독의 형상이거나 「개망초」와 「가을 소풍」에 묘사한 것처럼 자연 풍경을 황홀하게 만끽하는 태도에서 언뜻 비치는 듯하다. 하지만 이 역시 순간의 정취나 분위기를 표현한 것일 수는 있어도 가장 내밀한 것은 아닐 듯하다.

시적 삶의 자세를 정초하는 목소리는 이 시집에서 반성의 어조로 출현한다. 「반성문 1」이라는 제목의 작품에서 시인은 "더 깊이 품을 내줄 걸" "내일을 기다릴 걸"이라고 되뇐다. 때론 더 깊이 "유년의 고향"(「낚시」)이라는 기억의 밑바닥까지 떠올리면서 지금까지 살아온 순간들과 매 순간의 선택을 곱씹어본다. 그 어른거리는 순간들이 파도이다. 삶의 흐린 물결과 빗나간 물살들을 떠올리면 떠올릴수록 "바닷물은/깊어만 간다"(「파도가 밀려오고 밀려가고」). 그렇게 손끝으로 빠져나간 선택들이 이루는 바다가 있다. 그러한 운명 앞에서 시인이 비치는 자세는 두 가지이다.

모든 것이 바뀌지 않는다고
조바심을 치다가
달라지고 있다고 기다리며

집채만한 소똥 말똥을
굴리고 또 굴리며
오늘도 말똥구리는 분주하다

－「말똥구리」 후반부

 하나는 희구하는 것이다. 삶은 변하지 않는다고 단정해 버렸다가 뒤늦게 제 몸보다 큰 소똥을 굴리는 말똥구리처럼 살아가는 자세가 있다. 그렇게 시인은 "높이높이/제발"(「제발」) 어떤 기적과 같은 순간이 도래하기를 희망한다. "보아뱀 뱃속에서 어미를 기다리는/아기 코끼리처럼"(「고도를 기다리며」) 자신의 존재가 새롭게 태어나기를 욕망한다.
 한편 섬처럼 견디는 자세가 있다. 대청도의 바람에는 항상 모래가 섞여 있다고 전한다. 그 모래를 충분히 삼킨 이후에야 어른이 될 수 있다고 한다. 그렇게 모래를 삼키듯, 모래사장을 삼키듯, 평평해지는 마음도 있을 것이다. "모든/수런거림은/풍화風化되어"(「모래 언덕」) 버린다는 진실처럼, 어떤 참혹도 평평해지는 순간에 닿을 것이다. 그렇게 시인은 "물살의 아픔을 견딘다"(「꿈꾸는 돌·1」)라고 말해본다.

이 두 가지 자세가 똑같이 제자리를 벗어나기보다 제자리를 파수하는 마음을 그린다는 것을 깨닫기는 어렵지 않다. 결국 황명덕 시인이 그리는 것은 자신의 삶, 자기 몫의 존재를 깊이 받아들이는 자세이다. 삶과 매 순간의 선택이 폭풍우이고, 그 이후에 회한처럼 밀려오는 것이 파도라면, 황명덕 시인은 꼿꼿이 자신의 존재를 바로 세우며 다음과 같이 말하는 셈이다.

> 삶을 포기하고 죽음의 문턱에서 느꼈던 것은 어떤 깨달음이었다. 그 많은 잡다한 생각과 철학적 사유가 다 쓸데없다는 생각이었다. 그냥 숨을 쉰다는 것만이 기적이고 삶의 이유라는 것이었다. 안 하던 화장도 하고 원색의 옷들을 골라 입었다. 그동안의 나를 벗어나고 싶었다. 어떤 만남도 사유도 거부한 채 숨만 쉬었다.
> ―「부치지 못한 편지」 부분

 이렇듯 황명덕 시인에게 시를 쓴다는 것은 숨을 쉰다는 자명한 사실로 되돌아오는 것이다. 얼굴을 꾸미고 원색의 옷을 입는 것처럼, 자기 자신을 아끼는 마음으로 되돌아오는 것이다. 따라서 그의 시에는 잡다한 철학이 예비하는 놀라움과 예외성이 의도적으로 배제된다. 그는 단 하나의 진실을 비춘다. 숨 쉬듯, 그렇게 세상이 폐부로 밀려오고 밀려가듯, 사람은 자기 몫의 마음을 다할 뿐이다. 숨을 쉴 뿐이다.